Creatividad

Características de personas
con capacidad para crear e innovar

Jesús Liébana Nieto

En este libro voy a intentar explicar la creatividad focalizando mi discurso principalmente en el análisis de la personalidad de individuos que presentan características peculiares que corroboran un perfil creativo.

Voy a centrar mi discurso en los factores disposicionales, personales, sin perder de vista el contexto y el ambiente circundante de las personas que

podrían responder a una
verdadera esencia creativa.

Expongo un análisis
basado en mi propia experiencia
como psicólogo, con dignidad,
pues introduzco algún caso que
he podido ayudar y atender.

Además introduzco otros
casos de creatividad en tipologías
de sujetos diversos, que pueden
ayudar a clarificar el complejo
tema de la creatividad humana.

Voy a hablar de determinados rasgos de la personalidad, de diferentes perspectivas que abordan la creatividad, centrando mi discurso en un análisis de las personas proclives al logro de esta manifestación humana tan valiosa.

Hablaré de términos como `*dureza*´ o psicoticismo, entre otros como `*apertura*´, `*fuerza del yo*´, `*inestabilidad emocional*´, entre otros síntomas de determinados trastornos mentales que pueden contribuir parcialmente a facilitar tanto el proceso como el fenómeno creativo. Desmitificaré creencias absurdas acerca de la creatividad, subrayando también la importancia del funcionamiento cerebral.

En general la creatividad es consustancial a nuestra especie, forma parte de lo humano. Todas y todos somos en algún grado creativas y creativos, aunque hay que reconocer que algunas personas que responden a un perfil curioso por sus características y naturaleza, logran pronunciarse de una manera singular, novedosa y original, creando obras útiles e interesantes, que pasan a la eternidad y forman parte del sustrato cultural de la humanidad. Compositores como Mozart, entre otros escritores, pintores y artistas diversos, forman un grupo de personas magníficas en esta materia, un elenco extraordinario de personas que nos han mostrado la belleza a través de sus obras, que han plasmado sentimientos de un modo brillante, original, dejando su marca impregnada en sus distintas obras creativas.

A lo largo de este libro pretendo recoger los aspectos que, por mi propia experiencia profesional y personal, han sido los más relevantes para llegar a comprender a algunas personas singulares, ambiguas y, por supuesto, creativas.

Cuando observamos una obra original, innovadora, que ofrece una visión que jamás habíamos podido imaginar, solemos pensar en la persona creadora, atribuyéndole características que suelen ir en la dirección del elogio, la admiración. Solemos pensar que, si la obra es bella, la persona que hay detrás de ésta, también debe serlo.

La definición de *creatividad* en general suele

referirse a esa *capacidad humana de producir contenidos mentales de cualquier tipo.* Si trasladamos dicha definición a una persona con dicha capacidad, es decir, creativa, o que implica creatividad en su modo de funcionar y percibir e interpretar las cosas, vale la pena estudiar características en su personalidad, en su psiquismo e inteligencia, también en su medio social o ambiente, incluso en la época histórica en la que desarrolla o desarrolló su vida.

En este libro pretendo reflexionar sobre algunos de los elementos diferenciales de las personas que poseen un don especial, un talento singular para crear obras innovadoras y originales.

En definitiva *crear* viene a referirse a hacer algo, componer intelectual o artísticamente. Sin embargo en este libro pretendo aproximarme a la creatividad, a esa capacidad innata que poseen algunas personas, desde la perspectiva de la innovación, la originalidad, la brillantez, ya que puede haber muchas personas que compongan obras, pero no todas son brillantes, originales e innovadoras, útiles e interesantes, que reflejan una marca, esa huella de la persona creadora.

He podido conocer a personas que han mostrado una facilidad natural hacia la creación, rozando la perfección, plasmando su talento en verdaderas obras que emanan una belleza y originalidad brillantes. La incógnita que pretendo despejar en esta insólita ecuación sobre la creatividad es qué características presentan dichas personas creativas. Intentaré aclarar el tema desde el análisis de la personalidad (incluyo aquí el coeficiente intelectual o la inteligencia general también), síntomas mentales (sin cumplir criterios para un diagnóstico mental, generalmente), el medio social en el que se desarrollan, características de su círculo social más próximo (que puede actuar como un agente coadyuvante para lograr dedicarse profesionalmente a un trabajo basado en la creación), entre otros aspectos más focalizados a habilidades sensoriales especiales, singulares y que sobrepasan la frontera de la normalidad.

Analizar el proceso creativo que culmina en una

obra original, brillante,
innovadora, bella, es una tarea
compleja en la que interactúan
múltiples factores de distinto
tipo, sociales, personales,
familiares.

Desde la reflexión y el
análisis, procuraré compartir las
diversas causas y los distintos
motivos que hacen posible la
creación original, distinta de la
mayoría, que se sale de lo común
o que sobrepasa lo corriente,
dando alguna respuesta clara

sobre *¿qué o cual es la etiología de la creatividad?* ¿cómo suelen ser las personas creativas (aquellas que han persistido con tenacidad y han logrado vivir cómodamente de sus creaciones)?

El *ambiente* es influyente, en algunos casos puede ser determinante. La familia puede actuar como agente facilitador a la persona que entraña talento creativo, siempre que apoye y acepte tal labor. Como decía, hay múltiples factores que determinan parcialmente la consecución de la creación, uno de éstos es el social y el familiar, que interactúa de un modo inexorable sobre la persona, esto es así, nos guste o no, el medio en el que nos desarrollamos contribuye inevitablemente, influye, y en algunos casos, junto con los recursos económicos o apoyos profesionales afines, puede ser totalmente determinante. Aún así, introduciré a modo de reflexión algunos de las características de personas que han mostrado un talento especial que se inclina hacia el logro de obras originales, innovadoras y creativas.

A pesar que a lo largo de la historia se ha llegado a pensar que la creatividad se debía a la inspiración de las musas, o que otros la considerasen el fruto de trastornos mentales, esto no es así, en ninguno de los casos, hay que matizar esas ideas tan superficiales e ingenuas.

En mi manuscrito intentaré aproximarme a las personas creadoras con mucho respeto y nombrar algunas de las características que resultan ser facilitadoras de la creación, la originalidad e innovación.

El talento creativo es universal, consustancial a todo ser humano, sin embargo se expresa en distinto grado y de forma diferente en función de cada persona. Se puede clasificar una obra literaria como creativa, una obra musical como original e innovadora, una pintura como bella y brillante… Cada persona puede expresar su creatividad de una forma única, pronunciarse creativamente en distintas áreas, sin embargo, sólo unas pocas personas destacan por la brillantez de sus hallazgos creativos, obteniendo un reconocimiento generalizado de manera inevitable.

A lo largo de la historia tenemos un elenco de personas

con dotes creativos, manifestados en diversas obras innovadoras, se trata de personas singulares que, gracias a sus características, han hecho emanar grandes obras originales, distintas a la mayoría.

En mi opinión, las *personas creativas* no deben su don a un trastorno mental, la creatividad no tiene una etiología psicopatológica, tampoco es el resultado de una especie de inspiración de las denominadas musas. Esto no es así, es más que evidente.

Cuando hablo con personas sobre el tema de la creatividad, algunas suelen afirmar que se trata de personas especiales, que son constantes en su tarea hasta que logran lo que desean, otras les atribuyen características prejuiciosas, son raros, extravagantes o excéntricos. En fin, hay distintas opiniones.

Algunas de las personas creativas pueden afirmar que se perciben distintas al resto, y atribuyen con naturalidad su aptitud a la creatividad a esa distinción, sea en su forma de pensar o percibir, o en su propio estilo de vida.

La *creatividad* puede surgir gracias a la interacción de un persona con tendencia a ésta, y de un ambiente facilitador, por lo que puede ser emulada, imitada a partir de la observación directa de personas que se dedican a esta labor, por lo que, como decía, el ambiente puede determinar, al menos parcialmente, al logro creativo, ya que gran parte de las conductas que cristalizamos en hábitos son aprendidas socialmente. Una persona que ha desarrollado la creatividad puede que haya pretendido imitar una conducta en esa dirección, en algún pariente de primer grado, o persona de su círculo social más próximo, es por esa razón por la que decía que el ambiente, el medio social, puede determinar, al menos parcialmente, el logro creativo. En esta misma dirección quisiera añadir a mi reflexión que, en términos generales, a las personas que les agrada realizar alguna actividad sin ánimo de lucro, y la continúan realizando sin más, están basadas en una especie de motivación interna, intrínseca, pues no se lucran, no reciben premios económicos como reforzadores, por lo que su motivación tiene una base interna, les gusta y la realizan. Y pasa algo curioso cuando logran

vivir de ello, que su motivación

es ambivalente entre lo externo,

la recompensa económica, y lo

interno, su propensión o

tendencia hacia la actividad en sí

misma por el simple y mero

hecho de gustarle. Este cambio

de motivación en los

reforzadores, de interno a

externo, puede contribuir en

algunas personas a que dejen de

realizar dicha actividad por

agrado personal, pasando a

considerarla un trabajo, y eso

podría generar que el

rendimiento no sea tan óptimo, en el sentido de original y creativo, como en su origen.

En definitiva, cerrando mi reflexión personal, la creatividad se manifiesta en las personas, se pronuncia en distintos terrenos, la música, pintura, el arte en general, la literatura…, y en distinto grado. La persona creativa debe presentar características en su modo de funcionar general, que la diferencien del resto, y en

cualquier caso, el medio en el
que se desarrolla puede facilitar
en mayor o menor grado su
logro. La persona creativa es
natural, libre de imposiciones y
convencionalismos sociales, y no
tiene por qué saber venderse a sí
misma, simplemente muestra su
obra sin más, por lo que si no ha
obtenido la ayuda profesional
necesaria, puede que no haya
podido dedicarse
profesionalmente a dicha labor.

El ambiente y la persona, esa interacción inexorable e irremediable, puede que explique el hecho que algunas personas puedan vivir dignamente de su talento creador. Ahí lo dejo.

Si la creatividad no responde a una inspiración de las musas como afirmaban las creencias de los antiguos griegos ni tampoco es fruto del desorden mental, es decir de psicopatología que fuese responsable de la disminución de las inhibiciones que facilitase el pasotismo de los usos y costumbres, de las convenciones sociales impuestas, cabe pensar racionalmente que puede que tenga una cierta base biológica, en el funcionamiento del cerebro.

El hemisferio derecho es más sensitivo, menos lógico y racional, más global y sensorial, con más tendencia a la creatividad en general. A diferencia del hemisferio cerebral izquierdo, que se inclina a la lógica y la racionalidad. De ahí se puede desprender la idea que la creatividad responde a un predominio del cerebro derecho, frente al racional y lógico, el hemisferio cerebral izquierdo.

A pesar que he afirmado con rotundidad que la creatividad no se puede explicar por la presencia de un desorden mental determinado, hay casos documentados de personas que forman parte de ese elenco de sujetos creativos, que presentan autismo, un trastorno generalizado del desarrollo actualmente denominado del neurodesarrollo, otras presentan un desorden bipolar, frecuentemente en su forma sintomática más leve, el tipo dos, otros depresión, incluso hay algunos que presentan alguna forma de psicosis, lo que no significa que todas las personas afectadas por algunos de estos trastornos mentales sean creativas.

Lo que tiene relevancia en esta introducción en la que añado desórdenes mentales es que probablemente estas psicopatologías contribuyan a entrar en buena relación con la dimensión inconsciente de la mente humana, y esa buena relación entre el consciente y el inconsciente sea un claro y evidente facilitador de la creatividad.

En el caso del *autismo* parece ser que predomina un

elemento característico de su cuadro, de su patrón de conducta, que vendría a ser la necesidad obsesiva u *obstinación por practicar*. Algunos casos de autismo poseen *habilidades sensoriales extraordinarias* que facilitan la creatividad, como por ejemplo una *agudeza sensorial exacerbada* que le hace muy consciente de pequeños detalles en sus observaciones, también una memoria visual fuera de la normalidad, al estilo de *memoria fotográfica*… En este caso que menciono, el autismo, estas características pueden explicar el fenómeno y proceso creativo que logran algunos sujetos autismo con unos talentos creativos manifiestos. Este tipo de personas que presentan autismo tienen unas ideas más singulares y originales, aunque resulta evidente que van a ser menores que las del resto de la población normal, pues el autismo se caracteriza por unos intereses muy limitados, sus ideas son más originales e innovadoras que las del resto de la población neurotípica (de la población normal, por decirlo así). Estas características propias del autismo en algunos sujetos hacen que desarrollen aptitudes especiales para tareas creativas como el dibujo, la música o el lenguaje, siempre que no haya ningún déficit asociado a dicho cuadro autista, como por poner un ejemplo retraso del lenguaje o de la inteligencia.

Como decía la creatividad no es el fruto de psicopatología, pero los síntomas de algunos trastornos pueden ser facilitadores evidentes de hallazgos originales, brillantes, innovadores y creativos.

Dentro de ese grupo de personas creativas, ese elenco de sujetos singulares que se esfuerzan y creen en su talento, hay casos documentados de personas afectadas por un *trastorno bipolar*, en su forma sintomática más leve, el bipolar tipo ll, que en los *episodios hipomaníacos* tiene una

proclividad a la *fluidez de ideas*,
a la *hipertimia* agradable a nivel
subjetivo, un aspecto que resulta
un facilitador evidente hacia la
creatividad. En este caso la
bipolaridad suele ser subclínica,
la persona responde con agrado a
ese estado mental subjetivo
hipertímico, con una ligera
euforia, una leve exaltación del
humor, por lo que fluye la
creatividad de manera natural, le
resulta agradable su estado y eso
basta para que sea reticente a
buscar ayuda profesional, ya que
no hay demasiada

autoobservación ni autocrítica hacia su *episodio hipomaníaco* en el que fluye la creatividad, las ideas diversas acontecen con rapidez y alegría, estableciéndose asociaciones originales y creativas si el grado de inteligencia es suficiente como para que así sea.

La *creatividad* surge del debilitamiento de inhibiciones, del fluir inconsciente y la buena relación con la dimensión consciente de la mente. Hay personas creativas que presentan

lo que suelo llamar un desorden

mental *subclínico*, en el caso que

he introducido, un trastorno

bipolar con episodio

hipomaníaco, que no tiene por

qué interferir en su rendimiento,

siempre y cuando no evolucione

hacia trastornos mentales de

mayor gravedad.

En el caso de las *personas*

creativas, se han documentado

casos de elevada creatividad en

personas sanas con parentesco de

primer grado con pacientes bipolares.

Dicho esto, la *creatividad no tiene una etiología psicopatológica, sin embargo hay casos en que los síntomas subclínicos de trastornos facilitan el desarrollo de la creatividad,* sea como fenómeno o proceso.

La creatividad como capacidad innata en una persona no tiene nada que ver con la

presencia de un desorden o
trastorno mental, sino más bien
con la buena comunicación y la
aceptación del inconsciente,
aspecto este último facilitado por
la presencia de psicopatología,
sea del espectro psicótico o
bipolar. Dentro de las personas
creativas, ese elenco único y
distinto de sujetos proclives a la
creatividad, hay una mayor
probabilidad de tener familiares
de primer grado con algún tipo
de psicosis, sea el trastorno que
sea, esquizoafectivo,
esquizofreniforme, delirante,

esquizofrenia. Esta afirmación documentada a partir de estudios científicos sugiere que una psicosis subclínica, sin hospitalización ni interferencia significativa en el funcionamiento y rendimiento de la persona, explica la desinhibición y debilitación de asociaciones que hacen aumentar su capacidad creativa, sin forzosamente estar enfermos, pues no suelen ser población clínica. Como decía, hay personas distintas que tienden a la originalidad e innovación, a plasmar obras creativas en distintos terrenos y áreas, que no son enfermos mentales a pesar que la gente los califique de `locos´o excéntricos, extravagantes, raros. Las personas creativas pueden compartir síntomas de desórdenes mentales, pero no son población clínica, no son enfermos. Una de las distinciones con la población perturbada a nivel mental es que presentan un *yo fuerte*, que no es turbable por la situación o circunstancia. Esa fortaleza del

yo es uno de los elementos
diferenciales con la población
clínica, afectada por un trastorno
mental. Los sujetos afectados por
psicopatología suelen presentar
un yo turbable por las
circunstancias y situaciones
adversas, las *personas creativas*
toleran la adversidad mejor, de
hecho suelen tener más
dificultades que el resto, sin
embargo conservan un yo
íntegro, fuerte, presentan una
fortaleza del yo que les
diferencia de la población
clínica, a pesar de poder

manifestar síntomas comunes a ésta. Las personas creativas no suelen tener un rendimiento disminuido, suelen continuar siendo productivos a pesar de las dificultades y adversidades por las que suelen atravesar, y éste es en mi opinión uno de los elementos diferenciales con personas afectadas por desórdenes mentales.

*La realidad suele ser
compleja, casi nunca pura.*

En el análisis de las
personas intervienen factores de
distinta tipología, los sociales,
históricos, familiares, personales
o disposicionales, factores
psicopatológicos, clínicos o
subclínicos, la inteligencia en sus
distintas dimensiones. . . . .

Este tema tan complejo,
la *creatividad*, se puede
contemplar desde distintas

ópticas, diversas perspectivas que pretenden dar una explicación.

He hablado de múltiples factores que determinan parcialmente el resultado y el logro creativo, entre ellos introduje los factores socioculturales, el medio social y el ambiente en el cual se desarrolla la persona. Desde esta perspectiva social y cultural se puede considerar al individuo creativo, como una especie de genio que pasa a asumir un rol aceptado en la comunidad en la que se desarrolla, como si se tratase de un portavoz de la cultura en la que vive, un rol asumido y aceptado tanto por la persona como por su comunidad. Dentro de esta perspectiva u óptica socio-cultural hay situaciones con una influencia facilitadora al surgimiento de una creación interesante, como por ejemplo la inmigración, el mestizaje cultural, influencias externas positivas e incluso, porque no, el bilingüismo. Habría que añadir en este sentido que las personas que usan varios idiomas responden a un funcionamiento cerebral distinto para el lenguaje, usan ambos hemisferios cerebrales, a diferencia de aquellas personas que usan un solo idioma, que muestran una predominancia del hemisferio izquierdo (en concreto el área de broca y de wernicke, localizadas en el hemisferio izquierdo). En este sentido el uso de ambos hemisferios favorece la tendencia creativa en la persona bilingüe. Un aspecto curioso que corroboraría la hipótesis de una base biológica de la creatividad. Las influencias externas pueden determinar parcialmente el resultado o logro creativo, lo que esperan los demás de la persona creativa, incluso lo que los más experimentados o expertos consideran un hallazgo creativo. Ha habido músicos geniales, brillantes y excelentes, que no han vivido con reconocimiento de sus obras, obteniéndose éste tras su fallecimiento, como el caso de Mozart, por poner un ejemplo.

Otra de las perspectivas que introduciré y que responden más a mi formación se basa en el _análisis de la personalidad_, diría que las personas que responden a un perfil creativo suelen ser más introvertidos, más desapegados e incluso pueden llegar a resultar `antisociales´, ya que llegan a asumir más riesgos que el resto de personas y además, suelen responder a un perfil muy autónomo e independiente, como características de su versión más social, se orientan socialmente de ese modo particular. Además suelen mostrar una persistencia y tenacidad en su actividad, bajo una motivación interna, toleran más la ambigüedad y presentan una elevada apertura a la experiencia y la cultura. En cuanto a la psicopatología que pueden presentar y mostrar, subclinica generalmente, perfilan elevado en psicoticismo y en inestabilidad emocional, y presentan una elevada desinhibición cognitiva, que les lleva a incluir muchos elementos en un mismo grupo, a esa curiosa sobreinclusión que puede que

sea la consecuencia de un

elevado grado de dopamina en su

cerebro.

Otra de las ópticas que

pretenden dar una explicación a

la creatividad es la psicoanalítica,

desde la concepción freudiana

que la considera un mecanismo

de defensa en el que se expresan

a través de un canal aceptado

socialmente deseos

inconscientes, la sublimación

como defensa que facilita la

creatividad. A través del arte se puede expresar sin censura aquello que en otro medio no se podría, por lo que se podría extraer que la tensión entre el inconsciente y la realidad consciente desemboca en creatividad.

En general existe acuerdo consensuado en que para clasificar una actividad como creativa debe ser interesante, de utilidad, reflejar la marca del autor o autora y ser novedosa.

Para que fluya la creatividad tendría que darse una inteligencia elevada, suficiente como para que se facilite dicha tendencia, además de conocimiento elevado en un tema determinado, unas características de personalidad, entre otros de los factores externos que ya he mencionado.

Una respuesta creativa presenta unos requisitos fundamentales, es espontánea, natural, singular y original.

Aunque existan detractores de la afirmación que voy a introducir, pienso rotundamente que para que surja la creatividad debe de haber una inteligencia notoria, además de un conocimiento profundo del área donde se presentará. Me uno a la teoría del umbral que introduce un mínimo y necesario coeficiente intelectual, de 120 ó más para que se favorezca el acto y/o el proceso creativo. Para mi es más que evidente que van a jugar un papel determinante también la confianza de la persona en si

misma y el grado de seguridad

personal, pero si éstos se dan y

no hay una inteligencia elevada,

difícilmente se va a lograr una

obra brillante.

En cuanto a la
personalidad del sujeto creativo,
como decía, presenta mayor
fuerza del yo, cree en si mismo/a,
es persistente en superar los
obstáculos y adversidades, tolera
más la ambigüedad y necesita
crecer aferrándose a sus ideas

creativas, las defiende y tolera la comisión de errores, asume riesgos y subsana dichos fallos, continúa su actividad con constancia y se permite tiempo para lograr su creación, es más inconformista, busca la perfección y la culminación de sus ideas en una obra novedosa, interesante, original, de utilidad.

Este tipo de personas se desaniman cuando observan su obra y no responde a lo que han visualizado, buscan la brillantez

con constancia y persistencia,
destruyen su obra para volverla a
construir sin miedo. pues la
creatividad forma parte de su
esencia, no tienen que almacenar
o coleccionar sus obras, pues
éstas están en su interior, hacen
y deshacen, con autonomía e
independencia, buscan espacios
de soledad para trabajar con
persistencia en su labor, confían
en sí mismos y se muestran
hostiles cuando las personas de
su entorno social no les
comprenden.

Muestran desinhibición cognitiva que desemboca en sobreincluir elementos, fruto de una especie de descontrol en poner restricciones a las asociaciones entre recuerdos, imágenes mentales, memorias e ideas, fruto de un exceso de dopamina en la formación del hipocampo (con menor nivel del neurotransmisor serotonina).

Al igual que la inteligencia es necesaria pero no suficiente para fluya la

creatividad, habría que añadir
que la creatividad es necesaria
pero no suficiente para que se dé
un rendimiento excepcional.

Las *personas creativas*
responden a un *pensamiento
divergente*, suelen responder a
un cierto `egoísmo´, presentan
un *yo fuerte*, toleran la
ambigüedad, son *persistentes*,
constantes y suelen perfilar alto
en *inestabilidad emocional*,
presentan además un *nivel* de
inteligencia elevado.

El pensamiento divergente conlleva un número de respuestas amplio y de calidad a un problema, o a un criterio asignado, obteniéndose puntuaciones de originalidad, flexibilidad y originalidad. Este tipo de pensamiento o *producción divergente* facilita la creatividad. Se asemejaría a una `tormenta de ideas´, ante un problema definido e identificado, la persona creativa respondería con más ideas novedosas y relevantes, flexibles (con más capacidad para redefinir los problemas planteados). En esta dirección, añadiré de nuevo una de las características de la personalidad creativa, la *apertura* a la experiencia y a la cultura, y la tolerancia a la ambigüedad, que corroborarían la hipótesis planteada, el *pensamiento divergente* es un factor facilitador de la creatividad.

Me veo en la obligación de definir el *psicoticismo* como descontrol de los impulsos, también se ha usado el término `dureza´ como sinónimo de `psicoticismo´ (en términos de Eysenck). Esta dimensión de la personalidad, a pesar de tener connotaciones negativas por los adjetivos descriptivos asociados, como la frialdad, hostilidad, la tendencia a la enemistad, el paranoidismo o la desconfianza, la carencia de modales, la grosería, se relaciona con la creatividad. Desde el modelo de personalidad de este autor, el *psicoticismo* facilita la producción de nuevas asociaciones, fruto de una disminución marcada de la inhibición cognitiva, que hace al individuo tendente a la sobreinclusión. El *psicoticismo* facilita la creatividad, puesto que conlleva una curiosa desinhibición cognitiva que favorece nuevas asociaciones en imágenes mentales, memorias e ideas significativas. Desde esta perspectiva de la personalidad, la creatividad podría considerarse una consecuencia determinada por estas características en la persona. El psicoticismo conllevaría la presencia de mentalidad dura, dureza, frialdad, egocentrismo, impulsividad, antisociabilidad, carencia de empatía, *creatividad*, impersonalidad. Todos son adjetivos con una clara connotación negativa, a excepción de la creatividad.

Todos hemos podido conocer a personas que muestran una ambigüedad curiosa, mostrando distintas facetas. Nos hemos podido enfadar, enemistar

e incluso agobiar con individuos
que se nos han mostrado
ególatras, hostiles, autoritarios,
fríos, y en apariencia taciturnos
y antisociales. Algunos de estos
sujetos responden a un evidente
perfil creativo, a pesar que sus
circunstancias y situaciones no
hayan contribuido positivamente
a la cristalización de un estilo de
vida basado en la creatividad, en
el sentido de poder vivir
dignamente de su propia
actividad creativa, lo que no
quiere decir forzosamente que

no respondan a una esencia
creativa.

Pretendo describir lo que
por mi propia experiencia es un
perfil creativo, con sus
características que facilitan dicha
labor, la *apertura* a la cultura o
experiencia, como una forma de
exploración desarrollada, basada
en la búsqueda de experiencias y
el agrado por lo desconocido,
dentro de la cual se podría
descomponer en facetas como la
imaginación y fantasía, la

estética y belleza, las ideas, los valores, acciones y sentimientos. Pues bien, esta característica de personalidad, *apertura* a la experiencia está presente en el perfil creativo, y facilita dicha labor, si el grado de inteligencia y conocimiento acompaña.

En casi todos los trastornos de la personalidad se suelen presentar una elevada inestabilidad emocional entendida a mi criterio como neuroticismo, junto con una muy baja amabilidad o cordialidad. Estos aspectos sugieren que el *perfil creativo* podría responder a una forma subclínica de personalidad anómala, ya que presentan neuroticismo o inestabilidad emocional, junto con hostilidad o baja cordialidad. Como decía, el perfil creativo presentaría una desinhibición cognitiva que desemboca en sobreinclusión, fruto del excesivo grado del neurotransmisor dopamina en la formación hipocampal. Estas características pueden prestarse a confusión con otros tipos de personalidades, ya que, como decía anteriormente, vuelvo a subrayar que el psicoticismo suelen emanar prejuicios y connotaciones negativas en sus adjetivos descriptivos, a excepción de la creatividad.

Para escribir este manuscrito he conversado con personas que conocen a artistas, entablado entrevistas con personas que han ejercido la composición de una manera sobresaliente. He repasado estudiosos de la personalidad, como Guilford y Eysenck, repasando instrumentos específicos de evaluación, como el de los cinco grandes, el big five. De todas estas experiencias y estudio teórico, he extraído los aspectos que considero más relevantes en función a mi propia experiencia profesional y personal.

He hablado de pensamiento divergente o

producción divergente, un fenómeno mental en el que el pensamiento se sale de los cauces más normativos, con más flexibilidad y redefiniendo parámetros, lo que facilita sin duda esa tendencia creativa. También he extraído otros términos de la teoría de Eysenck, un estudioso de la personalidad que la evalúa focalizándose en el neuroticismo, extraversión y psicoticismo. En la dimensión psicoticismo el único adjetivo con una clara connotación positiva es creatividad, he considerado muy relevante su mención, y curiosa afirmación.

El psicoticismo engloba la creatividad, se debe a un déficit del neurotransmisor serotonina y un exceso del neurotransmisor dopamina en la formación del hipocampo, causa por la cual se da una tendencia a la sobreinclusión, quizá por la desinhibición cognoscitiva que presenta la persona que puntúa elevado en esa dimensión del modelo de personalidad de Eysenck, el psicoticismo.

En el modelo de los cinco grandes, el big five, un interesante modelo de análisis y evaluación de la personalidad, se habla de `apertura´, como la tendencia de la persona a abrirse a nuevas experiencias, a interesarse por lo desconocido. Esta otra dimensión de la personalidad parece ser está correlacionada positivamente con la creatividad, es decir, a mayor apertura a la cultura o experiencia, mayor creatividad.

Hay personas creativas, que pueden responder a algunas de las características descriptivas que he ido mencionando a lo largo del libro. Se trata de personas distintas y que suelen pronunciarse con más originalidad en las áreas de su conocimiento y experiencia.

El desarrollo de la creatividad puede actuar como un claro factor protector al malestar, y tratarse de un factor que promueve la higiene mental.

Dedicado a todas aquellas
personas que han contribuido en
generar mi interés por el tema de la
creatividad.

Agradecido a todas ellas por
compartir conmigo sus hallazgos,
sus obras e inquietudes.
amazon.com/author/jesliebanieto

www.ingramcontent.com/pod-product-compliance
Lightning Source LLC
Chambersburg PA
CBHW051839250726
48659CB00005B/1917